열네 살, 시인

열네 살, 시인

2025 대구광역시교육청 책쓰기 프로젝트

박재범 권숙운
김민건 김 결
김민준 박태민
이윤재 이호범
허주원 서용진
윤성민 김강민
김민준 이승유

강찬혁 김주원
김준우 문현준
송연호 신우주
이채민 제병찬
한리준 김주형
최현서   지음

배가은 엮음

바른북스

여는 글

안녕하세요, 이것은 책을 여는 글입니다.

중학교 1학년 남학생에 대한 여러분의 생각은 어떠신가요. 말이 통하지 않는 천방지축? 본능에 따라 움직이는 동물의 왕국? 아직 철이 들지 않은 초등학교 7학년?

벌써 3년 넘게 남중에서 근무해 온 입장에서 솔직히 그런 표현들이 아예 틀렸다 할 수는 없겠습니다. 그러나 그 비정형의 세계, 그 날것의 세상이기에 아이들의 진솔한 마음이 더욱 빛나는 것이라 생각합니다. 그 누구보다 진솔한 눈으로 세상을, 자신을, 주위를 바라보는 것이 바로 제가 가르치는 아이들의 눈입니다. 따뜻하고 정겹게, 때로는 저조차 흠칫 놀랄 만큼 날카롭고 예리하게. 반짝반짝 빛나는 눈동자가 온 세상을 응시할 때면 저는 그보다 기쁜 적이 없었습니다.

〈문학 안의 우리, 우리 안의 문학〉은 시험이 없는 자유학기를 활용하여 아이들이 본격적으로 시를 써보게 하기 위해 기획한 수업이었습니다. 1학기 국어 수업 시간에 배웠던 비유와 상징, '시'의 특성 등을 바탕으로 하여 제가 하나의 소재를 제시하고, 아이들이 그 소재를 자유롭게 해석하여 시를 쓰도록 하는 방식으로 진행했습니다.
창작시, 자신의 이름의 뜻을 바탕으로 쓴 시, 반성시, 사계, 과도기, 음악을 듣고 시로 쓰기, 그림을 보고 시로 쓰기, 끝과 시작 등등…. 각각의 소재는 아이들의 마음속에 녹아 각자의 손끝에서 하나의 시로 맺혀 들었습니다. 그리고 그 시들을 모은 것이 바로 이 시집, 《열네 살, 시인》입니다.

학생들을 가르치다 보면 대부분의 문제는 소통의 부족에서 불거졌습니다. 상대방과 제대로 소통하지 못해 서로 오해를 하게 되거나, 자신의 마음과 제대로 소통하지 못해 자신의 진정한 감정이 무엇인지 깨닫지 못하고 어그러지게 되거나. 더군다나 이제 중학교 2학년이 되어가는 질풍노도의 시기를 겪는 아이들인 만큼 사건도 사고도 많았지요. 저는 그것이 진심으로 안타까웠습니다. 서로 조금만 더 이야기를 나누어 보면 너무나 수월하게 해결할 수 있는 문제인데 자신의 감정을 제대로 깨닫지 못해 타인과의 소통을 어려워하는 학생들이 너무나 많았습니다. 수업 중 발표를 독려하고 긴 글을 쓰는 수행평가만으로는 자신의 생각을 타인과 나누는 기회가 부족하다 여기던 차에 그런 마음이 들었습니다.

그러면 어디 한번 시를 쓰게 해보자.

사실 남자 중학생을, 그것도 1학년을 데리고 시를 쓴다는 것은 정말로 쉽지 않은 일입니다. 자신의 생각을 글로 쓰는 것조차도 버거워하는 학생들을 데리고 시집을 낸다? 사실 저조차 불가능하리라 여겼던 일입니다. 그렇지만 이미 주사위는 던져졌고, 포기하면 거기서 경기는 끝인 법입니다. 그리고 아이들이 쓴 시를 읽는 순간 저는 아, 이건 꼭 기록으로 남겨야겠다 결심하게 되었습니다.

저는 아이들에게 시는 진솔함이라 가르쳤습니다. 화자의 정서가 두드러지게 표현되는 특성을 가진 만큼, 그 무엇보다 자신의 마음을 아주 솔직하게 마주해야만 쓸 수 있는 것이 시라고요. 그렇기에 시는 나의 거울입니다. 나 자신을 마주하지 않으면 무엇 하나 쓸 수 없기에 이다지도 어렵고 이다지도 쉬운 것이 바로 시라는 문학일 것입니다.

또한 저는 아이들에게 시는 사랑이라 가르쳤습니다. 흔히들 사랑의 반대말은 무관심이라 하지요. 그만큼 무언가에 관심을 가진다는 것은 그만큼 그 대상을 사랑하고 있기 때문입니다. 좋아하고 친근감을 느끼는 것뿐만 아니라, 실망하고 슬퍼하고 미워하는 것마저도 그 대상에 대한 사랑이 있었기 때문이라 가르쳤습니다. 시를 쓰기 위해서는 무언가에 대해 관심을 가지고 한참을 곱씹어야만 하지요. 그러다 보면 자연히 우리는 그 대상과 사랑에 빠지게 되기 마련입니다.

그래서 저는 아이들이 시를 통해 자신의 마음을 차분하게 들여다보기를, 소용돌이치는 감정에 이름을 붙이고 다독일 수 있기를, 이 세상의 것들에 정을 붙이고 사랑할 수 있기를 바랐습니다. 그렇기에 제 수업의 이름은 〈문학 안의 우리, 우리 안의 문학〉입니다.

저는 시를 참으로 사랑합니다. 시를 쓰기 위해 책상 앞에 앉으면 그 순간만큼은 오롯이 나와 시, 둘밖에 존재하지 않습니다. 그 고요하고 오롯한 공간에서 연못의 바닥을 깊게 들여다보고, 아직 다듬어지지 않은 반짝이는 돌멩이를 주워 들곤 유려한 문장으로 깎아내어 하나의 문학으로 완성하는 것. 규격화되지 않은 자유로운 언어로 나의 감정과 마음을 노래하는 것. 그리고 그것이 나에게서 멈추는 것이 아니라 다른 사람의 마음에까지 가닿을 수 있다는 것은 얼마나, 얼마나 멋지고 찬란한 일일까요. 그렇기에 저는, 시를 참으로 사랑하고 말았답니다. 이 세상 모두가 시로 하나 되는 날이 온다면 얼마나 기쁠까요! 마음과 마음이 진솔하게 엮이는 세상만큼 눈부시고 아름다운 것이 또 있을까요.

이러한 시에 대한 제 사랑이 아이들의 마음에도 닿아 동그랗게 울려 퍼지게 된 것이 바로 이 시집입니다. 처음에는 대여섯 명 정도 모이면 다행이겠다, 했던 것이 너도나도 시를 써보겠다 적극적으로 참여해 주어 만들어 낸 것이 바로 이 시집입니다.

제가 아이들의 시를 읽으며 때로는 섬찟하고 때로는 웃고 때로는 울었던 것처럼, 이 책을 읽어주시는 분들께서도 많이 웃고 많이 우셨으면 좋겠습니다. 저 혼자 울면 창피하잖습니까.

이 시집은 제가 키워낸 두 번째 시인들의 모임입니다. 모쪼록 하나하나 마음 깊게 읽어주신다면 기쁘겠습니다.

2025년 1월의 어느 날
지도교사 배가은

여는 시

배가은

시는 눈물이어라
시는 마음이어라

열네 해 살아온 자그만 마음 모아
눈물 어린 말을 우는 시는

눈물이어라
마음이어라

시는 웃음이어라
시는 사랑이어라

세상을 담은 사랑 어린 시선 모아
함박진 미소 배긴 말을 웃는 시는

웃음이어라
사랑이어라

차례

004 여는 글

009 여는 시

01.
나 – 너 – 우리

021 갈등 _ 권숙운
022 그 _ 김민건
023 그대 _ 이승유
024 그대와 나 사이의 거리 _ 김 결
025 김민준 _ 김민준
026 꽃 _ 윤성민
027 나는 말한다 _ 박재범
028 내 이름의 뜻 _ 김 결
029 너와 나 _ 서용진
030 노력의 보석 _ 이채민
031 돛단배 _ 이호범
032 밤하늘과 별 _ 허주원
033 벚꽃 _ 송연호
035 불변의 진리 _ 이승유
036 성공 _ 이승유
037 세상의 빛 _ 최현서

038 우리 _ 서용진
039 이름 _ 문현준
040 이름 석 자 _ 박태민
041 첫눈 _ 이승유
042 첫 만남 _ 이윤재
043 친구 _ 김 결
044 친구 _ 김민준
045 친구 _ 허주원
046 태양 _ 이호범
047 풍선 _ 송연호

02.
봄 여름 가을 그리고 겨울

051 벚꽃 _ 이승유
052 봄 _ 이승유
053 봄이 온다 _ 송연호
054 어제도 봄, 오늘도 봄, 내일은 봄? _ 송연호
055 어느 여름의 장마철 _ 송연호
056 우리의 여름 _ 허주원
057 가을 _ 강찬혁
058 가을 _ 문현준
059 가을 _ 이채민
060 가을 _ 제병찬
061 결실 _ 김준우
062 낙엽 _ 김주원
063 낙엽 _ 김주형
065 단풍과 단풍나무 _ 송연호
066 변덕 _ 이윤재
067 색칠 놀이 _ 김민준
068 얼룩 _ 이승유
069 가혹한 겨울 _ 김주형
070 겨울의 온기 _ 송연호
071 눈송이 _ 이호범

03.
이내 지나갈 것

075 감정 _ 강찬혁
076 고난 _ 김준우
077 공부 _ 이윤재
078 과도기 _ 문현준
079 과도기 _ 송연호
080 과정 _ 허주원
081 길 _ 박재범
082 기차 _ 박재범
084 내 꿈의 과도기 _ 김결
085 내 마음속의 알렉산드로스를
     불러 _ 최현서
086 명도 _ 송연호
087 새싹 _ 이호범
088 숲 _ 김민건
090 시기 삼아 _ 권숙운
091 오르막길 _ 김주원

092 인생을 위하여 _ 박태민
093 지금 _ 김강민
094 학생 _ 강찬혁
095 험난한 길 _ 김주형
096 휴식 _ 이채민

04.
돌아본다는 것

101 끈 _ 김주형
102 눈사람 _ 권숙운
103 말 _ 김민준
104 반대 _ 김강민
105 반성 _ 박태민
106 방학 중 _ 박재범
107 별 없는 밤 _ 김민준
108 불효 _ 송연호
110 사과 _ 김주원
111 사이 _ 최현서
112 삭제 _ 이승유
113 생각 _ 이승유
114 선 _ 이승유
115 선택 _ 김 결
116 돌이킬 수 없는 선택 _ 김 결
117 잔소리 _ 허주원

118 핑계 _ 김민건
120 학원 _ 이윤재
121 할아버지 _ 서용진
122 햇살과 비 _ 이호범
123 행복의 의미 _ 권숙운
124 화해 _ 신우주
125 후회 _ 김강민
126 후회하는 순간들 _ 제병찬

05.
함께 살아가는 것

131 가족 _ 강찬혁
132 검푸른 달 _ 김민건
133 계절 _ 허주원
134 고분 _ 김주형
135 고분터에서 _ 박재범
136 고요 속 외침 _ 강찬혁
137 그림자 _ 김주원
138 나무 _ 김주형
139 나무 _ 김준우
140 너 _ 김강민
141 노력의 씨앗 _ 김민건
143 눈꽃 _ 김주원
144 달 _ 김주원
145 대망신 _ 김 결
146 돌아와 주길 바라 _ 신우주

147 떠나간 이 _ 서용진
148 마지막 _ 김민준
149 물웅덩이 _ 김주원
150 바람 _ 김민건
151 별들 _ 신우주
152 별이 빛나는 밤 _ 한리준
153 별이 빛나는 밤이었지만 _ 제병찬
154 부모님 _ 김민준
155 빈자리 _ 이승유
156 빙그레 웃었으면 _ 김민준
157 빛 _ 허주원
158 사랑 _ 허주원
159 서랍 _ 이승유
160 세상 _ 송연호
161 아름다운 밤 _ 김강민

162 약속 _ 이승유

163 약속 _ 허주원

164 오명 _ 박태민

165 유리 벽 앞 무덤 _ 신우주

166 월광 _ 김민건

167 이치 _ 이승유

168 인왕제색도 _ 김주형

169 일상 _ 김민준

170 일요일 오후 _ 강찬혁

171 잊혀진 세상 _ 김민준

173 조각 _ 김준우

174 조약돌 던지는 밤 _ 신우주

175 진실 _ 최현서

176 치유 _ 최현서

177 코스모스 _ 허주원

178 풍경 _ 권숙운

179 항구가의 빛나는 별 _ 박태민

06.
열네 살, 시인

183 경계 _ 박재범
184 굴레 _ 이승유
186 꽃 _ 이채민
187 끝과 새 시작 _ 허주원
189 내 안의 꽃들 _ 김준우
190 너희들의 눈동자 _ 김민건
192 누군가의 경계 _ 한리준
193 다시 시작 _ 김민건
194 메뉴 선택 _ 김 결
195 목표 _ 권숙운
196 부석사 _ 박재범
197 불나방 _ 김민준
198 별 _ 김민준
199 별 찾기 _ 김주원
200 사고 _ 문현준
201 삶 _ 최현서
202 새로운 시작 _ 김 결

203 새로운 시작 _ 이윤재
204 새로운 1년 _ 제병찬
205 소풍 _ 김민준
206 시작의 반복 _ 이채민
207 시작의 발판 _ 김주형
208 아름답지만 슬픈 이야기 _ 김주원
209 여정의 끝마침 _ 한리준
211 여행 _ 제병찬
212 예상 밖의 삶 _ 최현서
214 외로움이란 _ 김주원
215 우리 아버지 _ 이채민
216 우주 _ 한리준
217 유성우 _ 한리준
218 인생 _ 김민준
219 인연 _ 허주원
220 편지 _ 박태민
221 핸드폰 _ 김민준

222 S#00n _ 박재범

224 닫는 글

229 닫는 시

01

열네 살, 시인

나
-
너
-
우리

《열네 살, 시인》 - 두 번째 프로젝트
2024학년도 능인중학교 1학년 자유학기 주제 선택 국어 수업
〈문학 안의 우리, 우리 안의 문학〉

갈등

1-2 권숙운

점과 점이 만나 선이 되고,
선과 선이 만나 면이 되듯이

고요하고 울창한 숲속에서
시끄러운 까마귀는 되지 말자

피어나는 꽃이 시들지 않게
서로 간의 실을 놓치지 말자

그

1-2 김민건(金旼腱)

그는 옆에서
나의 손난로가 되어준다
그는 옆에서
나의 응원이 되어준다

그는 항상
나의 따스한 햇살이다
그는 항상
나의 튼튼한 목발이다

그는 나의 친구이다
그는 나의 동료이다

그를 수천 번 생각할 때
그의 이름이 떠오른다

그의 이름은
온화할 민
힘줄 건

그대

1-4 이승유

그대가 사무치게 보고 싶다

그대가 내 마음에 아려온다

나는 매일 밤하늘에 그대를 묻는다

그대가 사무치게 보고 싶지만

그때의 기억 그대로 기억하고 싶다

그렇기에 오늘 밤도 그대를 묻는다

그대와 나 사이의 거리

1-2 김 결

잎이 나무에서 떨어지듯
떨어져 멀리 갈 때

그대도
나를 떠나
점점
멀어지네요

나랑 정반대로
가버리네요

김민준

1-4 김민준(金民准)

백성이 허락한 사람
허락함에 보답하여

남을 도우며 살아야지
먼저 베풀며 살아야지
민심도 잃지 말아야지

보답했으니 이제 나도 허락해야지
사람들을

꽃

1-3 윤성민

누구나 마음속에는 꽃이 있다
그 꽃은 태어날 때부터 정해져 있으며
살아가는 동안 바뀔 수도 있다
하지만 누군가는 말한다 그 꽃은 진정한 꽃이 아니라고
나는 생각한다 그 꽃은 자신이 만들어 가야 한다고
그 꽃은 무엇도 아닌 이름이다

나는 말한다

1-1 박재범

그만 돌아갑시다
그대는 나의 마음을
그런 점잖은 말로 짓밟는다

창가의 눈은 나를 놀리듯
아름답게 낙하하고

나는 말한다
자꾸 내 하루 끝에 서서
서성거리지 말아달라고

내 기억 속 그대에게
나는 말한다

내 이름의 뜻

1-2 김 결

내 이름의 뜻은
언제나 봐도
놀랍다

반짝이는 별처럼
총명한 지혜

나는 이 첫 문장을 보면
항상 아닌 것 같지만

그래도 내 이름을
지어 주신 부모님께
감사하다

너와 나 - 관계 -

1-3 서용진

너와 나는 시이다
때론 서로에게 사랑을
때론 서로에게 그리움을
때론 서로에게 미움을

너와 나는 시이다
서로에게 수많은 감정을 그리는
너와 나는 시이다

노력의 보석

1-5 이채민(李採珉)

땅을 열심히 파면
나오는 보석

열심히 노력하면
나오는 너의 땀

너의 땀은 보석이로다

돛단배

1-2 이호범(李鎬帆)

강을 따라 떠다니는 돛단배
강의 흐름을 따라
저 멀리 있는 넓은 바다까지

넓은 바다 위를 떠다니는 돛단배
바람의 흐름을 따라
끝이 보이지 않는 이 넓은 바다의 끝까지

아름답고 멋지게 떠다녀라

밤하늘과 별

1-2 허주원

한없이 반짝이는 별
한없이 반짝이는 너
한 편의 아름다운 그림을 그리는 밤하늘과 별
한 편의 행복한 추억을 그리는 너와 나
밤하늘에는 별이 있어야 하듯
나에게는 네가 있어야 한다
시간이 지나 밤하늘에서 사라지는 별처럼
시간이 지나 나의 추억 속에서 지워지는 너
나의 추억 속에서 지워지는 너를 그리워하는데
과연 별도 그러할까

벚꽃

1-5 송연호

너는 벚꽃이다

때가 되면 피는
벚꽃처럼

때가 되면 네 입가에
미소가 만개한다

바람에 흩날리는
벚꽃처럼

내게 흩날려
자연스레 안긴다

하지만

벚꽃과 너의
차이는

너의 미소는
일 년 내내
나를 따스한
그 미소로 반겨준다는 것이다

불변의 진리

1-4 이승유

10월의 쌀쌀한 어느 밤,
유난히 그대가 생각나는 그 밤

창밖으로 보이는 저 별빛마저 불어오는 바람 따라가고
지붕 위로 보이는 저 달빛마저 온 마을을 환히 비추네

괜스레 그대를 잊어보려
딴생각도 해보지만
소용없긴 마찬가지

저 빛나는 별빛과 달빛을 닮은
나의 마음은 변할 줄 모르네
아, 이게 불변의 진리인 것인가

성공

1-4 이승유(李昇柳)

진정한 성공이란

목표만 보고 달리는 것이 아닌

주위를 둘러보며

달리는 것

진정한 행복이란

돈과 명예가 아닌

한 계단씩 오르는

성취감인 것

주위를 보지 않고 위로만 오르는 것이 아닌, 버드나무처럼 주위와 함께 흔들리며 자라나길 바라 지어 주신 이름이라 생각하며 쓴 시이다.

세상의 빛

1-9 최현서(崔炫惰)

너는 빛나는 사람이다
너의 빛을 널리 퍼트려
세상의 보탬이 되어 주렴

지혜는 신중히 써야 한다
그것으로 너의 이익만을 좇지 말고
다른 이들을 돕는 데에 써 주렴

빛날 현
지혜 서
부모님께 받은 소중한 내 이름
나의 작지만 소중한 사명을 이루기 위해
오늘도, 한 걸음

내 이름 '최현서'에는 빛날 현(炫), 지혜 서(惰) 자를 써 나의 빛과 나의 지혜를 선한 일에 쓰라는 의미가 담겨 있다고 한다.

우리

1-3 서용진

우린 바람이다
삶이라는 광대한 저 숲을 지나는
바람

그저 불어오는 바람은 되지 말자
숲을 가꾸어 나가는 바람이 되자

사람들의 돛단배를 움직여 주고
잔잔히 불어오는 바람이 되자

우린 바람이다
삶이라는 광대한 저 숲을 지나는
바람

이름

1-5 문현준(文賢俊)

문현준이란 이름 속에 들어있는 뜻
재주가 많고 슬기와 지혜가 뛰어난 사람이 되어라

말은 사람을 바꾼다던데
왜 나는 바뀌지 않는 거지

이름 석 자

1-2 박태민(朴太旻)

내 이름 석 자
부모님이 지어 주신
소중한 이름 석 자

자식을 낳고서
잘되라는 마음에
큰 뜻을 품고 지은
이름 석 자

다른 이들에게 휘둘리지 말고
옳고 굳게
하늘만큼 크게 자라라는
이름 석 자

첫눈

1-4 이승유

첫눈의 기쁨보다는
첫눈이 끝나갈 때의 아쉬움처럼
내린 그대

부디 내 마음속은
영원히 1월이었으면

첫 만남

1-2 이윤재

처음 본 그날
잊혀지지 않았다

매일 생각나는
그 사람

하지만 떠나버린
그 사람

정말 보고 싶다

친구

1-2 김 결

어둠 속에 빛나는 별 하나
그것은 반짝반짝
빛나는 나의 친구

친구

1-4 김민준

잘 놀다가
갑자기 싸우고

잘 웃다가
갑자기 화나

다른 친구랑 놀면
갑자기 생각나

이게 우정인가 보다

친구

1-2 허주원

숲에서 홀로 지저귀던
까마귀의 깃털이 되어 주는 것
아무도, 아무것도 없는
허허벌판의 풀꽃이 되어 주는 것
아무 감정 없던 마음의
감동적인 영화가 되어 주는 것
가진 것 하나 없던 사람의
친구가 되어 주는 것
과연 그가 기대하는
과연 그가 바라는
과연 그가 원하는
빛이 되고 싶네

'주원'은 '주님께서 원하는 아이'라는 뜻으로, 이름에 걸맞게 살아가는 삶의 방식에 대해 생각하며 쓴 시이다.

태양

1-2 이호범

이 세상 가장 높은 자리에 있는 태양
저 높은 하늘 위에 있어도
저 아래 땅 위에 있는
생물들을 환하게 비추어주는
태양,
당신

풍선

1-5 송연호

하늘 높이 날아간
저 풍선처럼

우리 사이가
너무 멀어져서

아무리 손을 뻗어도
내 손 대신
너를 향한 내 마음만이
너에게 닿는다

그래도
너와 함께한 추억을 기억하면

두리둥실 춤을 추듯 날아가는 풍선마냥
나의 기분도 나의 몸짓도
두리둥실 춤을 춘다

02

열네 살, 시인

봄　여름
가을
그리고 겨울

《열네 살, 시인》 - 두 번째 프로젝트
2024학년도 능인중학교 1학년 자유학기 주제 선택 국어 수업
〈문학 안의 우리, 우리 안의 문학〉

벚꽃

1-4 이승유

벚꽃이 피는 어느 날

날이 좋던 어느 날

그날의 향기는 너에게 아직 머물러 있을까

그날의 감정은 너에게 아직 묻어 있을까

그날의 기억은 너에게 아직 남아 있을까

묻고픈 그날의 기억을 잠시나마 꺼내 본다

봄

1-4 이승유

3월이지만

아직 봄이 아니다

4월이 되었지만

아직 봄이 아니다

네가 오기 전까진

봄이 온다

1-5 송연호

서리가 낀
땅을 녹이며
봄이 슬그머니 걸어온다

얼어붙은
연인들의 마음을 녹이며
봄이 슬쩍 곁에 다가온다

콧잔등을 스치듯
짧지만 강렬한 인상을 남기고
봄은 간다

다시 만날 그때를 기약하며

어제도 봄, 오늘도 봄, 내일은 봄?

1-5 송연호

바보

바라보고 있어도
보고 싶은 사람

그게 너라는 사람이었다

봄은 1년이면 되지만

너는 평생을 기다려도
내 마음속에만 존재하네

어느 여름의 장마철

1-5 송연호

뜨거운 여름에도
외롭게 추위에 맞서는 자가 있다

추적추적 비 내리는
장마철이

마치 내 마음을 대변한다

고독함에 그리움에
흘린 눈물은
결국

장맛비에 가려진다

우리의 여름

1-2 허주원

우리의 찬란했던 그 여름

그때 그 여름, 우리가 같이 나누었던 얘기
이별하더라도 종종 안부를 묻자던 얘기
항상 마음속에 두고서
당신을 그리워하는데
당신도 나와 같으면 좋겠네

우리의 찬란했던 그 여름

가을

1-5 강찬혁

여름의 따뜻함으로 시작되는 가을
겨울의 추움으로 끝나는 가을

다채로운 색깔로 시작되는 단풍
부스러진 잎으로 끝나는 단풍

풍성한 단풍잎으로 채워진 단풍나무
텅 빈 나뭇가지로 끝나는 단풍나무

비록 끝은 쓸쓸하지만
잠시 동안 나를 편안하게 해주는 가을

가을

1-5 문현준

사라지고 또 사라진다
계속해서 사라진다
마치 내 지갑에 있는 돈처럼

가을

1-5 이채민

이게 뭘까
붉은색 나뭇잎
바스락 낙엽 소리
다람쥐의 겨울잠 준비
아 가을이구나

가을

1-5 제병찬

여름이 지나가고
겨울을 준비하는 가을

1학년을 끝내고
2학년을 준비하는
나 같은 가을

노란빛 붉은빛
단풍색이 변하는 가을

기쁘다가 슬프다가
마음이 자주 변하는
나 같은 가을

결실

1-5 김준우

어떤 이는
의미 없는 계절이라 하지만
그들에게는
이번이 제일 중요한 계절
비처럼 흘린 땀을
건강하게 맺힌 결실로 보상받는다

낙엽

1-5 김주원

늘 표정이 바뀌며 나를
반갑게 반겨주고

늘 시원한 바람으로 나와
함께 있어 주었지만

네가 떨어지는 모습을 보니
안타깝다

네가 밟히는 모습을 보니
안타깝다

세상을 아름답게 꾸며주는
네가 힘없이 떨어지고 밟히면

내가 달려가 너를
잡아줘야지

낙엽

1-9 김주형

떨어지는 단풍잎 하나
가을바람 타고
떨어져 가는 이들을
붉게 물들여
따뜻한 위로를 해준다

떨어지는 은행잎 하나
가을바람 따라
떨어져 가는 이들을
노랗게 물들여
밝은 희망을 심어준다

시간이 흘러
가혹함이 닥쳐도

떨어져 가던 이들은
마음속에 심어진
밝은 희망을 안고
한 걸음 한 걸음 내디디며
위로 오른다

단풍과 단풍나무

1-5 송연호

단풍을 닮고 싶어
바람에 흩날리면
자유롭게 날다가
내려앉아 쉬고 싶어

근데 결국 떨어지면
사람들에게 밟히겠지

그럼 단풍나무를 닮고 싶어

우직하게 한 자리를 지키며
사람들을 보면서 말이야

근데 사람들은
내게 관심을 주지 않고
가지치기 당하겠지

그럼 가을로 살아야 할까

변덕

1-2 이윤재

가을은 따듯하고 쌀쌀하지만
이번 가을은 눈이 오는 이상한 가을

춥고 따뜻하고
슬프고 기쁘고

꼭 나의 마음처럼
변덕스러운 가을

색칠 놀이

1-4 김민준

온 세상이 색칠되었다
분명 초록색이었는데
누가 그랬을까?

울긋불긋 나무
파랑파랑 하늘
주황빛 햇볕
하나가 덜 되었는데
분홍빨강 꽃이구나
내가 색칠해야지

드디어 완성
하나의 가을이 색칠되었네
색칠 놀이 끝

얼룩

1-4 이승유

너와 함께 걷던 거리,

너와 함께 나누던 대화,

너와 함께 느꼈던 감정,

아직 이 가을에 묻어 있네

가혹한 겨울

1-9 김주형

어느덧 가을이 지나
가혹한 겨울이 닥쳤습니다

겨울바람이 내 피부를 스치며
온기를 빼앗고
나도 서서히 정신을 잃어갑니다

추위에 떨며 고통스러워도
따뜻한 햇살이 닿을 언젠가를 생각하며
마음을 다잡고
쌓인 눈을 헤치며
꿋꿋이 앞을 향해 나아갑니다

겨울의 온기

1-5 송연호

차갑고, 가벼운 공기가
콧속에 들어올 때

차갑지만
미세하게 겨울의 진심이 담긴
온기가 느껴진다

눈송이

1-2 이호범

넓고 푸른 하늘에서
천천히 내려오는 눈송이

부드러운 눈밭 위에
살포시 내려앉는 눈송이

작은 눈송이들이 모여
넓은 눈밭을 만드는
그 멋진 광경

03

열네 살, 시인

이내 지나갈 것

《열네 살, 시인》 - 두 번째 프로젝트
2024학년도 능인중학교 1학년 자유학기 주제 선택 국어 수업
〈문학 안의 우리, 우리 안의 문학〉

감정

1-5 강찬혁

시험이 내 뜻대로 되지 않을 때의 실망
실망을 겪은 뒤엔 만족

부모님께 잔소리 들을 때의 짜증
짜증을 겪은 뒤엔 행복

연인과 헤어질 때의 슬픔
슬픔을 겪은 뒤엔 기쁨

나의 속을 더럽히는 나쁜 감정들
대신 좋은 감정들이 생기게 만들어 주는
마냥 나쁜 것만은 아닌 감정들

고난

1-5 김준우

시작이라는 길을 오른다면
반드시 만날 장애물
지나는 데 시간이 오래 걸릴 진 몰라도
지난다면 더 이상 장애물은 없겠지
다 같이 가자 서로를 보살펴 주며

공부

1-2 이윤재

처음 할 때는
머리가 아프고

익숙해지면
고통이 나아지는
상처와 같은 공부

과도기

1-5 문현준

성인이 되기 위해 꼭 거쳐야 하는 것
피할 수 없으면 즐겨야지
이겨내야지
쌩쌩 달리던 기차가 역을 만나 잠시 멈추고 다음 역을 향해 힘차게 달려가는 것처럼
나도 힘차게 달려가야지

과도기

1-5 송연호

힘이 없다
피곤하다

내일 하자

이런 내가
게을러 보여도

지쳐 쓰러질 것 같아서
하는 처절한 발버둥이다

과정

1-2 허주원

태양이 지면
언젠간 달이 떠오르고
달이 지면
언젠간 태양이 떠오르고
꽃이 지면
언젠간 꽃이 피고
세상의 모든 것이
진다면 언젠간 다시 피어난다
과연 끝이란 없다
오직 피어남과 피어나는 과정만 있을 뿐

길

1-1 박재범

누가 그러더라
미래는 이미 정해져 있대
그러니
피할 수 없으니 즐기래
헌데 난 도저히 즐길 수가 없네

끝이 있음을 알면서도
생각의 고리를 끊지 못해
이 길이 얼마나 길까
이 길이 얼마나 힘들까

하지만 나는 걷네
이 끝에 아무것도 없대도
다시 돌아갈 길도 없네
그 걸음에 남은 것이
바로
'오늘'

기차

1-1 박재범

나는 기차
열심히 덜컹덜컹 달려가고 있다
양옆으로 늘어선 나뭇잎 사이로 비치는 햇빛 조각
자작자작 모으며 나아간다

문득 내 마음을 흔드는 것이 보인다
길고 긴 터널 두렵다
그러나 나는 안다

나무들의 그림자가 스쳐도
그 끝은 언제나 나무를 스치는 바람처럼
부드럽게 나를 감싸안을 것임을 안다

모아놓은 햇빛 조각들로
그 안은 찬란하게 빛나리라는 것을
지난날의 경험으로 안다

그리고 그 모든 과정은 언젠가
끝나리라는 것을 나는 안다

내 꿈의 과도기

1-2 김 결

내 꿈의 과도기는
지금 이미 시작했다

디자이너라는 꿈을
위해 힘들지만
미래의 나를
생각하며
노력하는
나

오늘도 나의
꿈에 한 걸음
다가갔다

내 마음속의 알렉산드로스를 불러

1-9 최현서

고생 끝에 낙이 온다고 한다
하지만 내게 주어진 과업들은
극복하려 해봐도
쉽게 떨칠 수 없는 것들

아무리 고생해도
오지 않는 낙도 있나 봐
풀어도 풀어도
결코 완벽히 풀어낼 수 없는 매듭인가 봐

하지만 이럴 땐
주저하지 말아야지
내 마음속의 알렉산드로스를 불러
고르디우스의 매듭을 끊어버리는 거야!

고생 끝엔 낙이 온다더니
역시 옛말에 틀린 건
하나도 없어

명도

1-5 송연호

나의 삶을
비춰줄 조명이
꺼져버렸다

삶의 명도가
사라져서
한 줄기의 빛 따위
보이지 않는다

어두운 이 터널의 끝은
도대체 어디일까

새싹

1-2 이호범

따스한 햇살을 받으며
땅 위로 올라오는 새싹 하나

가끔은 차가운 빗물도 맞고
거센 바람도 만나며
아름다운 꽃을 피우는 날까지
열심히 자라나는 새싹 하나

힘들었던 나날들을 견뎌왔던
새싹 하나의 의지 덕분에
피어난 꽃 한 송이

숲

1-2 김민건

풀 속을 헤치고
연못으로 가자

옆에 다른 길이 있어도
항상 바라보던
항상 믿어오던
나를 위한 길로 가자

때로는 나무들이 길을 막고
때로는 비가 내리고
때로는 눈이 와도
오직 나의 믿음으로
그 길을 가자

내가 항상 바라보던 길이기에
넘어져도 일어서자

걷고, 또 걷고

이윽고, 이제는
연못가 풀잎에
몸을 맡기고
물 흐르는 소리를
천천히 들어보자

시기 삼아

1-2 권숙운

거부하기엔 이르다
망설이기엔 촉박하다

내 일생의 걸림돌은
나 스스로 치우는 중

알고 싶지도 않고,
그렇다고 모른 채 넘길 순 없는

시기로 삼아
이젠 오로지
간직하고만 싶다

오르막길

1-5 김주원

묵묵히 오르막길을 오르는 한 남자가 있습니다

발을 헛디뎌 굴러떨어지고
돌에 걸려 넘어지고
미끄러져 다시 처음으로 가고

이 오르막길의 끝을 보기 위해

묵묵히 오르막길을 오르는 한 남자가 있습니다

인생을 위하여

1-2 박태민

살아가다 보면
수많은 고비를 만나게 되지
그 고비를 넘지 못하면
인생을 잘못 사는 거지

그 고비에 주저앉아
자신의 신세를 한탄하는 사람은
고비 너머에 무엇이 있는지 모르지

그 고비들은 모두
나의 인생을 위하여 있는 것이고
도전하고 넘어서면
나의 인생을 사는 것이지

그러므로 나는 인생을 위하여
계속 고비들에 도전하고 있지

지금

1-4 김강민

아무리 힘들어도
아무리 슬퍼도
참고 가야 하는 지금
꼭 지나야 한다면 꾹 참고 가야지
그래도 안 된다면 즐기며 가야지
그럼 그 속에서 진짜 나를 찾을 수 있겠지

학생

1-5 강찬혁

어쩔 수 없이 지나야만 하는 터널
앞길이 깜깜하기만 하다

가면 갈수록 어두워지는 터널
도무지 끝날 기미조차 보이지 않는다

터널을 지나면서 만나는 타오르는 불
그리고 서로 부딪혀 부서진 조각들
터널을 가로막는 존재들

하지만 힘든 일이 있어도 견뎌 내야지만이
터널을 지날 수 있는 유일한 방법이다

지난 일은 머릿속에 지워둔 채
뒤가 아닌 앞을 보자

험난한 길

1-9 김주형

내가 반드시 지나야 할 길이 있습니다
비가 오든
겨울이 되어 눈이 오든
나는 그 냉혹함을 견디고
계속되는 오르막길을 오릅니다

고개를 넘어서자
계속되는 오르막길이
저 멀리까지 뻗어 있습니다
추운 겨울바람을 들이마셔
폐가 찢어질 듯 고통스러워도
잠시 숨을 가다듬고
저 멀리 보이는 끝을 향해
나는 또다시 묵묵히 나아갑니다

휴식

1-5 이채민

차가 휴게소에 가듯이
곰이 겨울잠을 자듯이
새가 전선 위에 앉듯이
너에게도 휴식이 필요하다

04

열네 살, 시인

돌아본다는 것

《열네 살, 시인》 - 두 번째 프로젝트
2024학년도 능인중학교 1학년 자유학기 주제 선택 국어 수업
〈문학 안의 우리, 우리 안의 문학〉

끈

1-9 김주형

무엇이 그리 재밌었는가
왜 그만두질 않았는가
끈에 손발 묶여버렸네

그 많은 시간을
나는 왜 낭비했나
그 시간이
금처럼
얼마나 소중한지를
미리 알았더라면…

그때 나 는
끈을 못 풀고
더 세게 끈에 묶였네

작년에 지나친 시간 낭비를 했던 일이 아직까지도 후회되어 쓰게 된 시이다.

눈사람

1-2 권숙운

기억나?
그때 그 눈사람

우리에게 따뜻한 미소를 지으며
마치 우릴 반기는 듯
차가운 나뭇가지로 손을 흔든 그 눈사람

끝내 사람들은 몰라봐
차가운 손끝에 내민 따스한 애정을

그가 웃음을 품고 떠난 이유는
어쩌면 모두의 탓이 아닐까
묵묵히 후회하고만 있네

친구를 부정적으로만 생각했던 경험을 반성하며 쓴 시이다.

말

1-4 김민준

무심코 했던 말
먼저 생각하고 말하면
간단한 걸

눈치 없이
생각 없이
했던 말

그냥그냥 하지 말고
생각하고 말하면 되는데

무심코 했던 말
먼저 생각하고 말하면
이렇게 쉬운 걸
왜 그랬을까?

그 말을 굳이 꺼내지 않아도 되는 상황에 꺼내어 민망했던 경험과 친구에게 속마음을 이야기할 때 무심코 필요 없는 말을 던진 경험을 반성하며 쓴 시이다.

반대

1-4 김강민

사랑하니까
참지 않는 것이다

사랑하지 않으니까
참는 것이다

난 오늘도 이런 한심한 생각을
버리지 못했다

엄마와 싸우고 엄마에게 화를 내었다. 그 화난 상태 그대로 밖에 나갔는데 정작 다른 사람에게는 너무 친절하게 대하는 내가 너무 한심하여 이를 반성하며 쓴 시이다.

반성

1-2 박태민

삶을 살다 보면
후회되는 일이 항상 생긴다
잘못된 선택을 하여
누군가에게 혼날 때

삶을 살다 보면
반성하게 되는 일이 항상 생긴다
내가 잘못했을 때
다시는 그러지 않을 것이라고 다짐할 때

사람은 살면서
수많은 잘못을 하여 후회한다
그럴 때는 나를 돌아보며
반성한다

초등학교 때 선생님 허락을 받지 않고 친구들을 따라 다른 곳을 갔다가 선생님께 크게 혼나서 후회했던 경험을 떠올리며 쓴 시이다.

방학 중

1-1 박재범

의미 없는 싸움으로 채운 삼 주
책의 문장은 '글자'로 보이고
둥근 말 대신 가시 같은 공격이 나오는 지금이
너무도 싫어 나는 나왔던 것이다

무작정 걷다 보니
지난날 나의 눈물은
태양으로 마르고
모든 감정들이
'나'라는 바스러져 가던 나무의 잎을 스치며
감정들을 거두어가
나는 이제 나 자신과 지금을
돌아볼 수 있게 되었다

문득 흘러간 시간들이
너무 후회스러워
나는 감히 엄마를 부르지 못했던 것이다

방학 중 한 달을 엄마와의 싸움과 폐렴으로만 채운 것 같아서 속상하고 화나는 마음에 근처 숲 공원으로 무작정 핸드폰과 물만 들고 나간 적이 있다. 그때 느꼈던 숲의 평화로움, 그제야 비로소 보이는 감정들을 표현한 시이다.

별 없는 밤

1-2 김민준

어렴풋이 들리는 노랫소리에 맞춰
갈 곳 없이 서성이며 걷다

무심결에 올린 고개에 보이는 하늘
단지 검은색만이 보이네

그 많고 빛나는 별들 다 사라지고
달 혼자 쓸쓸하게 남겨져 있네

돌아간다면 모두 다시 바로잡길 바라며

불효

1-5 송연호

이유 없이 사랑해 주시는
부모님께

이유 없이
화를 냈고

평생을 기다려 주신
부모님께

5분만 늦으셔도
짜증을 냈다

불효라는 걸
알지만

마음에도 없던 말이지만

그저

정말 죄송하고,
정말 사랑합니다

부모님과 다투면서 마음에도 없던 말들을 했던 일 때문에 후회했다. 앞으로도 그런 일이 있을 때마다 마음을 다잡고자 이 시를 썼다.

사과

1-5 김주원

나한테 네가 없으면
나무에 가지가 없는 거다

나무에 있는 가지가
끊어지기 전에

나무에 있는 열매가
썩어 떨어지기 전에

눈 내리는 곳에서
혼자 울지 않기 위해

잡힐 듯 잡히지
않는 너를

잡을 때까지
달려가야겠다

며칠 전 친구와의 성격과 생각 차이로 싸웠는데, 며칠간 대화도 안 하다가 그렇게 말한 것에 후회하고 있는 나의 모습을 보며 쓴 시이다.

사이

1-9 최현서

오늘도 싸웠다
어제와 비슷한 순간 속에서

혼자 조용히 생각해 본다
내가 아까 그 말만 하지 않았더라면
그 행동만 하지 않았더라면

싸우는 것을 좋아하는 것이 아니다
그저 서로의 생각만 너무 고집했을 뿐
서로의 사이를 갈라놓는 그 아픈 말들이
어제와 오늘 사이에서 크게 성장하지 못한 내 맘이
그래도 멀어지지 않기를 바라는 서로를 향한 사랑이

얼마 전으로 돌아갈 수 있다면 말하고 싶다
죄송해요
진심이 아니었어요
사랑해요

부모님과 자주 다투고 화해하기를 반복하는데, 그중 내 말실수로 인한 것이 대부분이다. 부모님께 죄송스럽고 나의 진심은 '사랑'이라는 내 마음을 전하기 위해 이 시를 썼다.

삭제

1-4 이승유

지나간 일에 후회,

잘못한 일에 후회,

더 잘해주지 못해 후회,

후회의 연속은

미래를 지운다

후회를 오래 하여 일상생활을 못 했던 경험을 바탕으로 쓴 시이다.

생각

1-4 이승유

자신이 못하고 있다 생각할 때,

자신은 생각 외로 나쁘지 않고,

자신이 잘하고 있다 생각할 때

자신은 생각만큼 잘하지 못한다

나 자신을 나만큼은 깎아내리지 말자는 마음을 담아 쓴 시이다.

선

1-4 이승유

지나간 일에 새 눈물을 낭비하기보단

다가올 미래에 대한 생각을 먼저,

지나간 일에 한숨을 쉬기보단

다가올 미래에 대한 들숨을 먼저

좌절하고만 있기에는 시간이 아깝다는 생각이 들어 쓴 시이다.

선택

1-2 김 결

후회되네요
그때로 돌아가면
난 다른 선택을
했을 것인데

내가 한 말 하나에
그대가 내 곁을
떠나가네요

아직도 그립네요
그대의 얼굴이

돌이킬 수 없는 선택

1-2 김 결

이제 와서 후회한들
뭐가 바뀌나

그때는 내가
다른 선택을 했는데

지금이라도 열심히
해 보는 것이
지금 내가 할 수 있는
최선 아니냐

내가 한 선택이고 결정임에도 후회했던 경험이 많아 이를 떠올리며 쓴 연작시이다.

잔소리

1-2 허주원

짜증이 나
마냥 무시했던 그 말
귀찮다고
마냥 무시했던 그 말
쓸모없다고
마냥 무시했던 그 말
내 뜻이 맞다고
마냥 무시했던 그 말
이젠 듣고 싶어도
들을 수 없는 그 말

핑계

1-2 김민건

시간이 너무 지난 건 아닐까
이제는 돌이킬 수 없는 걸까

과거에 나는 무엇을 보았을까
예전의 나는 나를 보았을까
나를 보고도
모른 척한 건 아닐까

시간이 없었다고 할까
아팠다고 할까
아니면 몰랐다고 할까

머릿속에서 생각나는 말들이
한없이 많아도
나에게 물어보니
내 그림자가 서서히 커진다

나의 해가 수평선을 넘어 도망칠수록
나의 그림자는 점점

길 어 지 고

짙어진다

스행평가와 시험 대비를 할 때 준비를 책임감 없이 하여 후에 핑계를 댔었던 경험을 반성하며 쓴 시이다.

학원

1-2 이윤재

하루 뒤에 들킬 걸

그때 하지 말걸
그때 포기할걸

학원이 얼마나 가기 싫었으면
아빠인 척 문자 하고
학원을 안 갔을까?

지금은 생각조차도 못 하지
그때 하지 말걸

어릴 때 학원 가기 싫어서 아빠인 척 문자를 보내고 학원을 안 갔다가 들킨 일을 반성하며 쓴 시이다.

할아버지

1-3 서용진

다시 보고픈 그 웃음
할아버지의 웃음

언제나 따스한 햇볕과 같이
항상 옆에 있어 줄 것만 같아
그 중요함을 잊고 있던
할아버지의 웃음

돌아가시기 전에 한마디라도
더 해드릴걸 후회하고 또 후회한다

다시 보고픈 그 웃음
할아버지의 웃음

할아버지께서 돌아가시기 전에 많은 고마움을 표하지 못했던 것을 후회하며 쓴 시이다.

햇살과 비

1-2 이호범

어린 새싹은 따스한 햇살만
너무 좋아했던 것 같다
어린 새싹은 차가운 비에게만
너무 매정했던 것 같다

햇살과 비 둘 다
어린 새싹을 사랑했었는데
어린 새싹은 비에게만
너무 쌀쌀맞았던 것 같다

겉모습은 차가워 보이더라도
어린 새싹을 위하는 마음은
누구보다도 따뜻했던 그 멋진

아빠한테 너무 까칠하게 굴었던 경험을 반성하며 쓴 시이다.

행복의 의미

1-2 권숙운

그들의 눈망울에
온갖 걱정거리가 가득해 보여

모두들 왜 알고 있음에도
답을 알려주지 않는 걸까

불신과 핍박으로 가득 찬 이 거리에
홀로 선 고독한 외톨이는 되기 싫어

정답이 없는 수수께끼에
굳이 힌트를 보는 이유를 모르겠어

함께 웃을 수 있는 그날까지
우리의 지팡이는 쓰러지지 않을 거야

내가 나 스스로 나의 가치를 떨어뜨렸던 경험을 반성하며 쓴 시이다.

화해

1-5 신우주

싸우고 며칠 동안 말도 안 하고 눈도 마주치지 않고 있다 보면
문득 드는 뭔가 허전한 그 느낌
그때 같이 진실한 대화로 풀어 나갔다면
크게 싸우지 않았을 텐데
그때 먼저 사과하고 화해할걸
그런 사소한 일로 싸우지 말걸
지금이라도 화해의 손길을 친구 앞으로 뻗어 봅니다

초등학교 시절에 친구와 가장 크게 다투었던 경험을 반성하며 쓴 시이다.

후회

1-4 김강민

왜 그렇게 화를 냈을까
왜 그렇게 말을 했을까
왜 그렇게 행동을 했을까
꼭 그렇게 했어야 됐을까

지나고 나면 왜 그렇게까지 했는지 모르겠다
지나고 나면 제일 후회되는데 말이다

내가 사랑하는 사람한테 왜 그렇게까지 했을까
지나면 그만큼 후회되는 게 없는데

엄마하고 싸운 뒤 후회했던 경험을 바탕으로 쓴 시이다.

후회하는 순간들

1-4 제병찬

나는 후회한다
숙제를 미루고 미뤘던
그때를

나는 후회한다
이기적으로 행동했던
그 순간들을

나는
그날
그때
그 순간들을
후회한다

동생과 싸운 경험, 숙제를 미룬 경험을 후회하며 쓴 시이다.

05

열네 살, 시인

함께 살아가는 것

《열네 살, 시인》 – 두 번째 프로젝트
2024학년도 능인중학교 1학년 자유학기 주제 선택 국어 수업
〈문학 안의 우리, 우리 안의 문학〉

가족

1-5 강찬혁

이해하지 못하는 일이 생겨도
이해해 주는 것이 가족이다

힘든 일이 생겨도
서로 격려하고 배려하는 것이 가족이다

기쁜 일이 생겨도
같이 기뻐해 주는 것이 가족이다

잠시 동안이 아니라
계속 또 계속
그렇게 하는 것이 가족이다

나태주 〈사랑에 답함〉을 모방하다

검푸른 달

1-2 김민건

고요함에 젖어
매서움에 젖어
저 산을 넘어
이곳을 밝혀주네

달빛은 파도처럼
거세게 휘몰아치고
도시는 온화함 속에서
달빛을 바라보고 있네

이제는
차가운 고요에 취해

온전히

저 빛을

담아내리

빈센트 반 고흐 〈별이 빛나는 밤〉을 보고 영감을 받다

계절

1-2 허주원

계절은 돌고 돌아오는데
철새들은 돌고 돌아오는데
밤은 돌고 돌아오는데
사랑은 왜 돌아오지 않을까

계절이 돌아오고
철새들이 돌아오고
밤이 돌아오고
돌아오지 않는 건 사랑뿐인가 보네

바이브 〈가을 타나 봐〉를 듣고 영감을 받다

고분

1-9 김주형

긴 세월이 끝이 나고
누군가의 추억들은 파묻혔지만
이제는 드넓은 땅속에서
또다시 세월을 보내며
편히 추억을 쌓아간다

고분 사진을 보면서 고분 속에 누군가의 추억들이 파묻혔어도 땅속에서 다시 추억을 쌓아간다는 것을 생각해 보게 되었다.

고분터에서   - 이름 모를 왕에게 -

1-1 박재범

지난날 이 땅을 통치한
그대는 어떤 사람이었는가
흐드러진 꽃나무 아래서
평화를 꿈꾸고
지금 내가 딛고 있는 이 바닥을
직접 만든 백성들의
안식을 꿈꾸었는가

혹은
피투성이 시체들 위에서
전쟁과 복수를 말하고
지키기 위함이 아닌
죽이기 위한 무기를 들었는가

최근 다녀온 경주시의 고분들과 고분터 사진을 보고, 그리고 무엇보다 끊임없이 일어나는 국제 분쟁(전쟁 등)에서 영감을 받아 쓴 시이다.

고요 속 외침

1-5 강찬혁

눈앞은 보이지 않고
머릿속엔 알 수 없는 격렬한 감정
그 가운데 홀로 서 있는 나

멀리서는 사람들이 지나가지만
아무리 소리쳐도 나의 외침은 들리지 않아
입을 벌려도 소리는 묻힌다

세상은 아무렇지 않게 흘러가고
그 속에 나는
바람 같은 존재

바람 같은 고요 속 외침을
누군가는 들을 수 있을까
나도 누군가의 외침을 지나친 건 아닐까

에드바르 뭉크 〈절규〉를 보고 영감을 받다

그림자

1-5 김주원

나를 안내하는 그 무언가

강철로 된 바다 위 다리를 달리고
가죽으로 된 도시 위를 걷다가
산을 넘어가니

이제 나의 안내자는 보이지 않는다

빈센트 반 고흐 〈밤의 카페테라스〉를 보고 영감을 받다

나무

1-9 김주형

한 팔을 내주어도
잎들이 다 떨어져도
다른 이들을 도울 수 있음에
나무는 행복하다

그 나무의 잎들이
나의 마음을 덮어
따뜻한 마음을 가진
한 그루의 나무로 자라나리라

오랜 시간 동안 무료 진료를 해 오며 환자들에게 도움을 주는 것을 자신의 삶의 의미로 여기는 치과의사 선생님에 대한 기사를 읽고 쓴 시이다.

나무

1-5 김준우

우리가 나무라면
일 년 내내 변하지 않는 한 그루의 소나무가 되자

우리가 나무라면
다른 생물에게 아낌없이 나눠주는
한 그루의 사과나무가 되자

우리가 나무라면
보는 것만으로도 즐거운
한 그루의 벚꽃나무가 되자

안도현 〈우리가 눈발이라면〉을 모방하다

너

1-4 김강민

나는 행복한 사람
오늘도 아침에 눈을 뜰 수 있어 좋고
무언가를 볼 수 있어서 좋고
무슨 일인가 할 수 있어서 좋지만
무엇보다도 너를 볼 수 있어서 좋아
너라는 꽃을 볼 수 있어서 좋아
하지만
밤에 눈을 감으면 너를 보지 못해
그래서 밤이 빨리 지나고 아침이 되면 좋겠어
다시 너를 볼 수 있으니까

나태주 〈너처럼〉을 모방하다

노력의 씨앗

1-2 김민건

울창한 숲속 나무
사이에 자리 잡은 한 씨앗

모두가 씨앗을 기피해도
한 사람 와서 보살펴 주네

그 씨앗은 자라서
이 숲속을 조금이라도 빛내 주네

모두가 아닐지언정
나 혼자서라도

누가 알아볼까
그 씨앗이 숲속의 길을 터줄 것이라고

누가 알아챌까
그 씨앗은 이윽고
다른 씨앗을 만들 것이라고

지금은 조금의 변화일지라도
우리는 지금

이 숲의 색을

칠하고 있다

학교 아이들이 탄소배출 줄이기를 배우고 학교에서 실천하고 있다는 기사를 보고 쓴 시이다.

눈꽃

1-5 김주원

연기처럼 사라진 당신
눈꽃같이 아름답던 당신

당신이 보고 싶다

당신만이 가지고 있던 따스한 마음으로
나의 차가워진 마음이 녹는다
비틀거리며 걸어가던 나의 손을 잡아준 당신

내겐 정말로 소중했고 잊지 못할 추억
나의 마음에 새로운 감정을 심어준

연기처럼 사라진 당신
눈꽃같이 아름답던 당신

BTS 〈봄날〉을 듣고 영감을 받다

달

1-5 김주원

빛나고 아름다운
달이다

하지만

어둡고 상처가 많은
달이다

날이 지날 때마다
상처가 점점 생겨나지만

며칠이 지나자 다시
없어지는 상처

결국은

달도 사람과 같구나

올해 가장 큰 보름달인 슈퍼 문이 뜬다는 기사를 보고 쓴 시이다.

대망신

1-2 김 결

이 세상에는
신기한 사람이 많다

울타리에 매달린 채
주차장을 넘으려는 사람

울타리에서 탈출을 했지만
뉴스에 올라간 사람
참 신기한 세상이다

주차장을 나가려다 울타리에 걸리는 등, 이해할 수 없는 행동을 하는 사람들에 대한 기사를 보고 쓴 시이다.

돌아와 주길 바라

1-5 신우주

당신과 같이 있었던 행복한 시간들
이제는 더 이상 없다

이미 떠나버린 걸 알면서도
그리움에 가득 찬 문자만 보낸다

언제쯤 다시 올까
아직도 그 순간이 잊혀지지 않아

차라리 내가 널 대신해 죽을걸
남는 건 나에 대한 죄책감과 당신에 대한 그리움이다

Charlie Puth 〈Dangerously〉를 듣고 영감을 받다

떠나간 이

1-3 서용진

한 쌍의 부부의 눈에 드리우는 비애
새벽에 추적추적 내리는 비와 같이
그들에게서 쓸쓸히 내리우는 눈물

희망은 그저 뒤에서 저물어 가는 노을과 같이
빠르게 저물어 갈 뿐이네

장 프랑수아 밀레 〈만종〉을 보고 영감을 받다

마지막

1-2 김민준

떠나기 전 마지막 24시간
가기 전에 후회 없이 노는 게 내 소원

돈도 쓰고 동네 사람들과 인사도 하고
하늘만큼 들뜬 마음을 애써 보내고

다시 도착 후 24시간

Tai Verdes 〈Last Day Earth〉를 듣고 영감을 받다

물웅덩이

1-5 김주원

비가 내리는 날, 물웅덩이를 빠안히 바라봅니다
물웅덩이 속에는 모든 잎이 달린 꽃이 있습니다

그러더니 꽃잎이 한 장, 한 장 떨어집니다

그 잎들이 가여운지 우산을 씌워줍니다
그러자

물웅덩이 속에는 모든 잎이 달린 꽃이 생겨납니다

윤동주 〈자화상〉에서 영감을 받고 모방하다

바람

1-2 김민건

차가운 언덕 위 구름에 도망친
태양 한 줄기 빛을 보며
발자국을 남기며 한 걸음 두 걸음
오직 빛을 보며

칼같이 매서운 바람이
나의 몸을 난도질하고
나를 막아 세워
이 차가운 땅에 나를 밀쳐내도
오직 빛만을 보며

곧 저 따스한 땅 위에 발을 내밀 것이라
믿으며
내 마음속 나무는 쓰러지지 않음을
보여주며
다시 한 발 두 발

따스한 햇살이 반기는
봄을 위해 집으로 향한다

이육사 〈절정〉을 읽고 모방하다

별들

1-5 신우주

도심 속에서 별이 빛나기는 어렵다
곳곳에서 사람들이 만든 화려한 빛들 때문이다
하지만 상황을 바꿔주면
별들이 서서히 모습을 드러낸다
어두컴컴한 밤하늘에 빛 하나 없다면
별들이 가장 환하다
별들은 우리 눈에 잘 보이지 않지만
우리를 밤하늘 가장 높은 곳에서
은은하고 꾸준히 비춰줌으로 넘어지지 않게끔 하는
등대 같은 존재이다

빈센트 반 고흐 〈별이 빛나는 밤〉을 보고 영감을 받다

별이 빛나는 밤

1-5 한리준

하늘에 흩뿌려진 빛의 조각들
어둠 속에 떠다니는 깊은 감정들
적막 속 휘몰아치는 별의 파편들

새벽 속 떨어지는 외로움
깊은 파도가 빛의 마을을 뒤덮네

그의 마음속 흐느껴 넘치는 파랑

그의 세상 속 붓 길이 밝히며

차가운 파도가 그를 감싸주네

빈센트 반 고흐 〈별이 빛나는 밤〉을 보고 영감을 받다

별이 빛나는 밤이었지만

1-5 제병찬

밤처럼 어두운 내 마음속
외로움이라는 별
불안감이라는 별
괴로움이라는 별
외로움, 불안함, 괴로움만
그 별들의 부분만이 빛나는 밤이었지만

행복이라는 태양이 뜨자
별들은 자취를 감추고
행복의 빛이 내 마음 전체를 비추네

빈센트 반 고흐 〈별이 빛나는 밤〉을 보고 영감을 받다

부모님

1-4 김민준

아낌없는 그 사랑
사랑받던 시절 묻고
아이 보고
청년 보고
아비 보며
그 사랑 주시네

흰머리 늘어나고
모두 다 떠나고
사랑받던 시절 묻어두고
모두 보내고 있네

황혼에 기우는 데까지
사랑 준 이유가 있다며

미워한 적 없다며
돌아 못 올 길 가시네

김광석 〈어느 60대 노부부 이야기〉를 듣고 영감을 받다

빈자리

1-4 이승유

지나가는 사람들

흐르는 강물

떨어지는 낙엽들

그 사이 나만 멈춘 것 같은 기분

나도 모르게 뒤돌아보네,

나를 반겨주는 건 오로지 따스한 햇살뿐

조르주 쇠라 〈그랑드 자트 섬의 일요일 오후〉를 보고 영감을 받다

빙그레 웃었으면

1-4 김민준

암흑 같던 그 기억
빛나는 회복을 위한 많은 그 일들
끝내 보지 못하고
잿빛 배경과 죄수복이 마지막이니

처음 입는 광복
광복을 입혀 드리자
빙그레 웃는 우리와 조국

잿빛이 아니라 빛
그 기억 잊으시고
이제라도

빙그레 웃었으면

광복 79년을 맞이하여 국가 보훈부와 국내 기업 빙그레가 독립운동가 87명을 뽑아 디자이너와 AI 프로그램의 협업으로 죄수복을 한복으로 바꾸어 입혀 드렸다는 내용의 기사를 보고 쓴 시이다.

빛

1-2 허주원

별들이 빛을 잃고
어두워지기 전에

비가 온 뒤
먹구름이 다시 끼기 전에

최선을 다해
온 힘을 다해
온 마음을 다해

네 옆에서
네가 어둠에 빠지지 않도록
너를 환하게 비춰주는
빛을 지키고 사랑하기를

여러 노인들을 도와주는 사회 재단에 대한 기사를 읽고 세상은 아직 따뜻하다는 생각을 했다. 사람들이 타인을 돕는 사람들을 잊어버리지 않고 기억하기를 바라며 쓴 시이다.

사랑

1-2 허주원

내가 아닌 다른 이와 있는 모습을 보니
왠지 모르게 나보다 더 어울리고

나 없이 행복한 당신을 보니
왠지 모르게 나도 행복하고

다른 이와 같이 미소를 짓는 모습을 보니
왠지 모르게 나도 미소를 짓고

당신이 하는 모든 것에 관심을 두는 것

아 이것이 사랑이로구나

김소월 〈먼 후일〉에서 영감을 받다

서랍

1-4 이승유

내 마음 한편

모래 위에 적힌 글씨처럼

그대가 사라질까

오늘 밤도 그대를 묻는다

IU 〈밤편지〉에서 영감을 받다

세상

1-5 송연호

세상에겐
한 사람이어도

누군가에겐
세상이라는 말이 있다

요즘 많은 이들의 세상이
무너지고 있다

우울증에 시달리는 10대들의 기사를 보고 안타까운 마음을 담아 쓴 시이다.

아름다운 밤

1-4 김강민

어두운 밤
칠흑 같은 밤을 밝혀주는 수많은 별빛

밝을 때는 보이지 않지만
칠흑 같은 어둠 속에서 더 밝게 빛내는 아름다움

너와 나도 그렇다
내가 너라는 별을 더 빛나게 해주는 어둠이 될 테니
너는 나라는 어둠을 밝게 비춰주는 별빛이 되어라

빈센트 반 고흐 〈별이 빛나는 밤〉을 보고 영감을 받다

약속

1-4 이승유

지나간 모든 기억보다,

과거의 순간들보다,

소중한 건 지금

내 앞에 선 너

그것만큼은 약속할 수 있길

최유리 〈Promise〉를 듣고 영감을 받다

약속

1-2 허주원

와인 한 잔에 담긴
우리의 약속 하나

장난스레 그곳에서 했던
싸우지 말자던 그 약속

농담 반 진담 반의
헤어지지 말자던 그 약속

만약 헤어지더라도 냉정하게
떠나버리자고 했던 그 약속

결국 다 마셔버린
그 와인 한 잔
이미 다 마셔버린 것을
어떻게 할까
겨우 와인 한 잔에 취해
아무 약속도 지키지 못하였네

빈센트 반 고흐 〈밤의 카페테라스〉를 보고 영감을 받다

오명

1-2 박태민

어디서부터였을까
너와 나의 관계가 잘못된 것은

어디서부터였을까
막 타오르는 불꽃처럼 뜨겁던 우리가
딱딱하게 식어버린 것은

서로를 향하던
달콤한 말들은 온데간데없이
말 한마디마다 비수가 되어
가슴을 관통하고

서로를 밧줄에 묶어
어디로도 가지 못하게 하는
그런 관계

사랑에 오명을 남긴 것은
너일까 나일까

Bon Jovi 〈You Give Love A Bad Name〉을 듣고 영감을 받다

유리 벽 앞 무덤

1-5 신우주

쿵쾅쾅 요란한 소리에 잠에서 깬다

옆 건물 유리 방음벽 그 아래에 새 한 마리가 힘없이 떨어진다

그 새는 소리 한번 지르지 않고 죽어버린다

그 새를 치우자 오색딱따구리 사체가,

오색딱따구리 사체를 치우자 참새 사체가,

참새 사체를 치우자 황조롱이 사체가,

피도 거의 없는 유리 벽 앞 무덤 위의 유리창은 점 하나
안 찍혀 있네

무덤 속에서 구슬프게 울고 있는 새들의 소리가

저 유리창에 박혀 검은 점이 되어라

최근 충북 지역에서 조류 충돌 현상이 증가하고 있다는 기사를 읽고 이를 비판하고자 쓴 시이다.

월광

1-2 김민건

자정 넘어
그윽한 달빛 아래

술 한 모금에 취해
잠시 달빛을 느끼네

저 빛을 넘어
근심은 잠시 뒤로 두고
달빛에 취해
고요함에 취하리

물레방아 물소리 들으며
눈물 훔치며
또다시 저 그윽한 달빛에
취하리

이제는
차가운 저 달빛에
몸을
맡겨 보리라

Aaron Smith 〈Dancin〉을 듣고 영감을 받다

이치

1-4 이승유

노력해야 성공한다

시도해야 성공한다

모든 것이 그렇다

나태주 〈이치〉를 모방하다

인왕제색도

1-9 김주형

지루했던 장마가 끝나고
저 인왕산 바위들은
물을 머금었구나
비가 그치고
피어난 안개들이
산의 능선을 따라
유유히 흐르니
내 마음도 유유히 흘러
마치 꿈에 와 있는 듯하구나

겸재 정선 〈인왕제색도〉를 보고 영감을 받다

일상

1-4 김민준

일상은
우리의 안식처
항상 익숙하지만은 않아

저기 뭐 있나
평소에 들리는 소리
여기저기 움직이는
일상의 모습

야!
창문을 열고 친구가 보인다
웃음이 난다
일상도 지루하진 않아

오세영 〈유성〉을 모방하다

일요일 오후

1-5 강찬혁

아이들의 웃음소리가 흐르는
여유로운 일요일 오후

햇살은 강물 위로 내려앉고
사람들은 나무가 내어준 그늘에
지친 몸과 마음을 맡긴다

자리는 모두 다르지만
같은 햇살을 맞이하며
저마다의 오후를 즐긴다

일요일 오후 하나의 섬의 시간
이러한 여유로운 바람과 물결의 흐름에
지친 몸과 마음을 흘려보낸다면

조르주 쇠라 〈그랑드 자트 섬의 일요일 오후〉를 보고 영감을 받다

잊혀진 세상

1-4 김민준

옛날 그 세상 보니
이 아름다운 세상
어쩌다가

평화롭던 소리
짹짹 참새들
졸졸 시냇물
사부작 나무들

평화롭던 모습
이유 없는 베풂
이익 없는 도움
함께하던 웃음

평화롭던 색
파릇한 나무
초록빛 풀
붉은 노을

당연하던 그 세상
그리워서가 아니라
잊혀져서
알리고 싶어

잊혀진 세상
얼마나 아름다운지

겸재 정선 〈인왕제색도〉를 보고 영감을 받다

조각

1-5 김준우

한 조각이 있었네
그러다 쨍그랑 깨졌네
남은 조각들은 서로 탓하며 부딪치네
쨍그랑 큰 소리가 들린 뒤
남은 조각은 없었네

이스라엘 정부가 하마스 고위급 지휘관을 사살했다는 기사를 읽고, 전쟁은 모두에게 어떤 것도 남기지 않는다는 생각을 하며 쓴 시이다.

조약돌 던지는 밤

1-5 신우주

어둑어둑한 하늘에는
조약돌 가득한 밤바다로 가득 차 있습니다

나는 밤바다의 떠다니는 구름을 보며,
바다의 물결을 보며 조약돌을 다 던질 듯합니다

마음속에 가라앉는 조약돌을
이제 다 못 헤는 것은
새벽에 나간 배가 돌아오는 까닭이요,
은은히 비추는 등대 불빛이 꺼지는 까닭이요,
아직 조약돌을 던질 힘이 있는 까닭입니다

조약돌 하나에 그리움과
조약돌 하나에 외로움과
조약돌 하나에 아쉬움과
조약돌 하나에 안타까움과
조약돌 하나에 그대, 그대여

윤동주 〈별 헤는 밤〉을 모방하다

진실

1-9 최현서

이제는 부정할 수도 없다
그저 끝없이 아래로 또 아래로 하강할 뿐
그러나 결코 은폐할 수도 없다
역사는 어둠 속에서도 끝없이 아우성친다
메멘토 모리, 그들의 죽음을 기억하라
과거에 끝났고 지금도 일어나는 그 일들을

악마여 악마여 가장 아름다운 악마여
진정 저 너머의 소리가 들리지 않는가?

햇살아, 가장 따뜻한 햇살아
너는 어둠 속에 있어 더욱 빛나는구나
부디 암흑뿐인 세상을 희망의 빛으로
가득 채워다오

조나단 글레이저 감독님의 작품 〈존 오브 인터레스트〉를 보고 든 생각들을 담아본 시다. 나치 독일 시대에서 아우슈비츠 수용소와 담 하나를 사이에 두고 아름답고 평화로운 삶을 살아가는 장교와 가족의 이야기, 그리고 밤에 독일군의 눈을 피해 유대인 수용자들을 위한 사과를 숨겨두는 한 소녀의 이야기. 어둠이 지배하는 세상에서 우리는 어떻게 저항해야 할지 알 수 있을 것 같다.

치유

1-9 최현서

비인간적인 폭력 앞에서
우리라는 연약한 인간은
어떻게 저항할 수 있을까

우리의 나라가 겪었던
수많은 고통들이 남기고 간 흉터를
어떻게 치유할 수 있을까

폭력과 고통의 세계를 극복할 수 있는 방법

연약하기에 더욱 강한 서사와 언어
간결하고 강력한 글의 힘

앞으로는 이런 일이 일어나지 않기를 기도하며
부당하고 이유 없는 온 세상의 폭력이
사라지는 그날까지

최근 한강 작가님이 노벨 문학상을 수여받았다는 기사를 보고 작가님의 작품에 관심을 가지게 되었다.
'역사적 트라우마에 맞서며 인간 삶의 연약함을 드러내는 강력한 시적 산문'
세상 어딘가에서는 아직도 폭력이 자행되고 있다는 사실을 다시 한번 일깨워 주신 것 같아 큰 감명을 받았다.

코스모스

1-2 허주원

흔들리지 않고
피는 꽃이 어디 있으랴
버티면 지나가고,
지나가면 꽃이 핀다
지금 당장 꽃이 피지 않더라도
조급해하지 마라
늦게 피지만
황량하고
쓸쓸한
들판을
아름답게 채워주는
예쁜 코스모스가 될 테니

도종환 〈흔들리지 않고 피는 꽃이 어디 있으랴〉에서 영감을 받다

풍경

1-2 권숙운

아름다운 도시 불빛들

광으로 빛나는 조명 아래
여유롭게 따뜻한 차를 마시는
카페 안 손님들

그 밖에선
가야 할 길을 따라 걸음을 떼는 사람들
하늘에선
환하게 빛을 뿜는 별빛들

우린 다른 거리를 걷고 있지만
똑같은 풍경을 보고 있으니
진경은 이리 아름다운 것인가
새삼 느껴지네

빈센트 반 고흐 〈밤의 카페테라스〉를 보고 영감을 받다

항구가의 빛나는 별

1-2 박태민

별이 빛나는 밤
자그마한 항구가에
정박되어 있는 돛단배 두 척

별이 빛나는 밤
밤의 별을 불빛 삼아
밤에도 일하는 항구의 사람들

별이 빛나는 밤
아무도 없는 모래 언덕
길을 걷는 두 부부

밤에도 낮처럼
빛나는 별을 보며
사람들은 자신의 삶을 살아가고 있다

반센트 반 고흐 〈론강의 별이 빛나는 밤〉을 보고 영감을 받다

06

열네 살, 시인

《열네 살, 시인》 - 두 번째 프로젝트
2024학년도 능인중학교 1학년 자유학기 주제 선택 국어 수업
〈문학 안의 우리, 우리 안의 문학〉

경계(境界)

1-1 박재범

너와 나를 가로막는
투명한 경계

너를 향해 소리치지만
들리는 건 고요히 울려 퍼지는
나의 절규뿐

따뜻한 이 방
눈 내리는 이 밤
너와 나의 재회를 가로막는
어두운 바람 소리
손대면 흐려질까

멀리서 바라보기만 하는
너의 창문 속 잔상들

굴레

1-4 이승유

트랙 위 출발지점과
도착지점은 같다

길고 험난한 그 트랙 위를 달려
종점에 도착하였을 때,
비로소 다시 출발지점으로
돌아온 것이다

인생도 그러할까,
하늘이 내린 이 세상에 종점이라 함은

언제, 어디서, 어떻게
우릴 기다리고 있을까
아니,
존재하지 않을지도 모른다

하지만 그 쳇바퀴 같은 삶을
상이라고 생각하는 자와
벌이라고 생각하는 자는

엄연히 다른 삶을 살고 있을 것이다

꽃

1-5 이채민

꽃들 사이 들리는 바람 소리
마치 선생님의 꾸중과 칭찬

내가 지금 걷고 있는 꽃길
마치 선생님이 만드신 길

꽃들 사이 앉아 있는 나비
마치 학생을 달래는 선생님

선생님의 마음은
마치 어여쁜 꽃입니다

끝과 새 시작

1-2 허주원

때론 슬펐던
때론 힘들었던
때론 버거웠던

한 해가 끝이 났다

시작할 땐
언제 끝이 나냐며
한숨을 내뱉었고

지나갈 땐
힘들다며
한숨을 내뱉었다

막상 끝자락에 다 와가니
허무하게 느껴졌던 올해

올해는 비와 폭풍우만
내렸으니

새해에는 따뜻한 햇살만이
날 반겨줄 것이라는 믿음을 가지고

새로운 해를 맞이하는 것은 어떨까

내 안의 꽃들

1-5 김준우

누구나 가지고 있는 꽃밭
누구나 가지고 있는 꽃들
그중에서 가장 아름답고 어여쁜 꽃은
웃음꽃이다

너희들의 눈동자

1-2 김민건

외로움이라는 바다 아래
무기력하게 물에 잠겨
하늘을 바라만 보고 있네

수면 위 너희들의 눈은
조금씩 반짝이고 있네

아
아
나는 당장이라도 하늘로 솟구쳐서
너희들의 손을 잡고
눈동자를 바라보고
발을 맞추어 걷고 싶네

그런데
목줄 없는 개를
누가 안아줄까

나는 그저
따듯한 달빛 아래 검붉은 바닷속
유유히 헤엄치는 흰고래이자
너희들을 떠도는
영원한 방랑자이다

누군가의 경계

1-5 한리준

멀리멀리
퍼져 있는 꿈

납작해 보이는
솟아 있는 희망

한 걸음 한 걸음
바람을 맞으며

저 멀리 있는 곳으로
성큼성큼 꿈을 밟으며

바람은 거세진다
아무도 신경을 안 쓴다

다시 시작

1-2 김민건

창가 앞 다시금 따스한 햇살
살며시 들어오고

화분 위 이슬 맺힌 풀잎은
햇살 마중하며

칼날 진 바람은
포근한 햇살로

비 오던 그 하늘은
따스한 온기가 덮어주네

평생이 겨울이기에는
너무나 춥고 매서울 이 땅에서

우리의 꽃은 태양처럼 영원히

불타오르기를

시작하네

메뉴 선택

1-2 김 결

이게 뭐라고
하나 선택하는 것이
이렇게 힘들까?

쉬운 것 같지만
힘든 메뉴 선택

목표

1-2 권숙운

순리대로 살아가는 사람들의 모습
할 수 있다고 부추기며 말하지만
아직 내겐 두려운걸

넓고 넓은 광야에
나 홀로 남겨진 그런 상상
아직 내겐 필요한걸

개척지를 발견하는 건
더욱더 방황하게 만들고

엄연히 남아 있는 계단 앞에
끝내 뒤돌아서는 나

그래, 그제서야 굳건히 다짐했다
돌아올 수 없는 강을 건너기로,
되돌릴 수 없는 발자취를 남기기로

부석사

1-1 박재범

들리는가
낙엽들의 노랫소리가
보이는가
과거의 발자국들이

태고의 산
그 이면에는 사람의 마음이 있었다

내가 사랑하는 이의
건강과 행복을 바라는 것
그들은 그 바람을
자신들의 산에 불어넣었다

스며든 그 마음은
나에게도 번져간다

불나방

1-2 김민준

이러든 저러든
어쨌든 저쨌든

내 마음속 빈 그릇의 구멍은
좀처럼 줄지 않는데

채워지려 할수록
구멍은 하염없이 커지는데

만질 수도 볼 수도 느낄 수도 없는
빈 그릇이 언젠가는 채워질까 하여

구멍 안에 들어가
그저 빛 한줄기만
하염없이 기다릴 뿐이네

별

1-2 김민준

별 내리는 밤
마치 눈물 같네

흔들리는 잔디와 함께
저 별은 왜 슬플까 생각하다

눈뜨니 화창한 하늘이네

별 찾기

1-5 김주원

저 수많은 별들 중 나의 별은 어디 있을까
밤이면 밤마다 찾아보지만 보이지 않는다
고요한 하늘에 나의 별이 있긴 있을까
보랏빛 하늘에 피어나는 저 두 별

사고

1-5 문현준

쨍그랑
컵을 깨트렸다
어쩌지?

눈을 감았다 뜨니 침대다
꿈이었나?

목말라서 물을 마시려고 할 때
쨍그랑

아니 이제 실제다

삶

1-9 최현서

우주의 시간에는
끝도 시작도 없대
시작이 끝이고
끝은 곧 시작이지

사람도 하나의 우주라는데
그럼 우리에게도
그런 것들은 다 의미 없는 건가 봐

앞으로도 쭉 나는
내 내면의 우주를
탐험할 거야

좋은 행성에 머무르다가
소행성에도 착륙하고
새로운 위성도 발견하고

삶이란 자신의 우주를 모험하며 쓰는
끝없는 여행기

새로운 시작

1-2 김 결

새로운 시작은 행복이다
새롭게 시작하는 마음이
새롭게 느껴지기 때문이다

새로운 시작은 걱정이다
어떻게 시작해야 할지
모르기 때문이다

새로운 시작은 나에게
여러 감정을 느끼게 해 준다

감정은 새로운 시작 때
머릿속에 느끼게 해 준다

새로운 시작

1-2 이윤재

새로운 시작은
언제나 새롭다

매번 느끼는 새로움
하지만 언제나 새롭다

힘들어도 새로운 시작은
힘이 되고

기쁠 때도 새로운 시작은
더 기쁘다

힘들어도 기뻐도 새로운 시작은 힘이 된다

새로운 1년

1-5 제병찬

길고도 짧았던 1년이 지나가고
길 수도 짧을 수도 있는 1년이 시작된다

새로운 1년이 시작할 때
사람들의 생각은 제각각이다

새로 사귈 친구를 기대하는 신입생
1주년을 기념하는 커플
나이를 먹고 기쁜 어린이와
나이를 먹고 슬픈 어른들

이렇듯 사람들은 모두 제각각이지만
새로운 1년에 대한 설렘
이 감정만큼은 누구라도 다르지 않을 것이다

소풍

1-2 김민준

도시락 싸고 신나게 뒷산 갈 준비하고
시원한 바람이랑 같이 가네

돗자리 펴고 놀 준비를 하고
산 나무 뒤에 숨으며 노네

잠깐 누우니 새들이 자장가 불러 주네
어느새 눈뜨니 어두운 밤이네

이제 정리하며 집 갈 준비를 하네

시작의 반복

1-5 이채민

우주의 끝은 어디입니까
정말 만약 우주의 끝이 있다면
그곳은 우주의 시작입니다

우리는 우주 같은 삶을
살아야 합니다

우주의 시작에서
다른 우주의 시작으로
다른 우주의 시작에서
또 다른 우주의 시작으로

한 해,
한 달,
하루,
한 시간
이 지날 때도

시작은 계속되니
두려워 마세요

시작의 발판

1-9 김주형

어느덧 벌써 끝이 다가왔다

빠른 세월이 밉고
지난날의 나 자신이 후회스럽다

그렇지만 끝이 난 후 찾아올
새로운 시작을 생각하며
끝을 발판 삼아
한 걸음 한 걸음 뛰어오른다

아름답지만 슬픈 이야기

1-5 김주원

저 보랏빛 해가 저무는 모습을
서로에 기대며
서로의 손을 잡으며
서로의 눈을 바라보며
서로의 숨결을 느끼며 바라보니
어느새 텅 빈 하늘이다

정말로

아름답지만 슬픈 이야기이다

여정의 끝마침

1-5 한리준

얼어붙은 나뭇가지 위
노란 열매
초록 열매
빨간 열매

때가 되어
바닥 속으로 떨어진다

밟기도 싫은 터진 노랑
반으로 갈라진 어린 초록
충분히 익은 가득한 빨강

때가 되어 떨어졌을까
아무도 모르는 것 같았다

가득한 속 그 안
작은 시작 하나
알고는 있지만 버리는 시작

다시 한번 떨어지며
천천히 끝을 느낀다

여행

1-5 제병찬

드넓은 광야를 향해서
푸르른 바다를 향해서
떠나는
여행

도시의 소음을 벗어나서
갑갑한 빌딩숲을 벗어나서
떠나는
여행

시원한 바람이 있는 곳으로
굽이굽이 굽은 깊은 산중으로
떠나는
여행

언제나
가고 싶은
여행

예상 밖의 삶

1-9 최현서

계획대로만 되는 삶은 없다
내가 가려던 길이 막혀 있다면
다시 돌아갈 수도 있고
더 빠른 지름길로도 갈 수 있지

내 삶의 앞날의 모든 것이
계획되어 있다면
그게 더 따분하지 않을까

다시 길을 되돌아가며
방금 전에는 미처 보지 못했던
민들레도 만나고
나비도 만나고

오늘의 나는
예상 밖의 삶을 살아서
기쁘다

내일의 나도
예상 밖의 삶을 살아서
행복할 것이다

외로움이란

1-5 김주원

가시밭에 장미꽃 갈대밭에 억새꽃
이와같이 홀로있는 만물이 슬프리
빠알간   민들레 파아란 개나리

우리 아버지

1-5 이채민

언제 오시려나
오늘도 어제도
늦게 오시는 우리 아버지

일찍 나가시는 우리 아버지
보고픈 우리 아버지

사랑하는 우리 아버지

우주

1-5 한리준

하늘의 수많은 별들
그것들은 보이는 것이 아닌
한 줄기의 빛을 통해
자신의 존재를
밝히는 것뿐이다

슬픈 일이다

유성우

1-5 한리준

저 멀리서 빛나는
떨어지는 별빛
떨어지며 조금씩
벗겨지며 뜨겁게
다듬어진다

하늘에 별이 된 그날
큰 그림을 그리며
고요히 빛이 꺼진

인생

1-2 김민준

밝은 빛을 보고
자기 속도 모르는 듯 울고

학교에서 웃으면 빛을 얻고
마음고생으로 빛을 쓰네
아무리 힘들어도 빛은 잃지 않고

다시 갈 때는
빛처럼 환하게 웃네

인연

1-2 허주원

비가 추적추적 내린 후엔
화창한 날이 오듯

꽃이 진 후엔
예쁜 꽃이 활짝 피듯

추운 겨울이 지나간 후엔
따뜻한 봄이 오듯

하나의 인연이 떠나간 후엔
또 하나의 새로운 인연이 생길 것이요

비가 추적추적 내리더라도
꽃이 지었더라도
추운 겨울이 왔더라도
하나의 인연이 떠나갔더라도

언젠간 또다시
찬란하게 빛을 내는 날이 올 것이요

편지

1-2 박태민

하루에 몇 통씩
일 년에 몇 통씩
꾸준히 써서 보내지만
닿지 않는다

너를 향한 내 마음
나를 향한 네 마음

핸드폰

1-2 김민준

집을 떠나는 길
사람들은 휴대폰만 보고 있을 뿐

집을 가는 길
사람들은 여전할 뿐

나는 그저 안타까울 뿐

S#00n

1-1 박재범

어쩌면
우리는 삶이라는
영화를 연기하고 있을지도 모르겠다

세트장이 학교든 집이든 친구들과 노는 곳이든
그곳에 부합하는 나를 만든다
진짜 내가 누구인지
이제 나도 모르겠다

오늘도 나는 이유도 모른 채
웃어도 보고 울어도 보고
영화를 써 내려간다

닫는 글

그리하여, 이것은 닫는 글입니다.

참 고된 기간이었습니다.

교권 침해를 당해 병가를 내고 쉬는 기간 동안에도, 기관지에 염증이 그득 들어차 일주일 내내 피를 토하듯 기침하면서도 새벽 다섯 시까지 밤새워 노트북을 두들겨 가며 학생들의 시를 편집하고 부랴부랴 대학가 인쇄소까지 뛰어가 책을 제본해 교육청 건물로 뛰어 올라갔던 기억이 여즉 선명합니다.

기실, 누군가의 말마따나 미련한 노릇입니다. 쉬라고 준 기간에 쉬지도 않고 날밤을 꼴딱 새워가며 사방으로 뛰었으니요. 책을 낸다고 돈이 한 푼 떨어지냐, 물으시는 분들도 계셨습니다만…. 저를

포함해 학생들의 수중에 떨어지는 것은 단 한 푼도 없습니다. 그렇습니다! 그저 열정으로 모여 낸 시집입니다. 속된 말로 열정페이입니다. 그렇지만 그 열정이 모여 뜻깊은 나눔으로 이어지기에 아이들 모두 흔쾌히 웃으며 저와 함께 뛰어준 것이겠지요.

열이 40도를 오가는 와중에도, 마음이 썩어 문드러져 가는 와중에도, 모든 것을 내려놓고 포기하고 싶었던 와중에도. 그럼에도 뛰어야만 했던 것은 그저 아이들의 시가 너무도 아름다웠기 때문입니다. 정말로 그 이유뿐이었습니다.

이 대장정의 시작은 1학년 자유학기 수업으로 계획한 시 쓰기 수업이었습니다. 뿌리를 캐자면 온라인 시화전을 시작한 2023년이겠네요. 그때 역시도 부끄럽지만 악에 받친 마음으로, 어떻게든 아이들이 쓴 시를 모두에게 보여주고 싶다는 마음 하나로, 한 학기 내내 이렇게나 뛰어다녔다는 것을 모두에게 증명하고 싶다는 치기 어린 마음으로 동네방네 포스터를 뽑아 대자보처럼 붙이고 온라인 시화전을 진행했습니다.(관심이 있으시다면 책 끝의 QR코드로 접속해 주세요. 피땀눈물이 담긴 첫 결과물이랍니다).

그렇게 얼렁뚱땅 시작했던 일이 이렇게나 덩치를 불려 어엿한 책으로 출간되기에 이르렀습니다. 사실 학기 초만 해도 그저 아이들이 쓴 시를 어떻게든 문집으로 만들어 손에 쥐여 주고 싶어 여기저기 예산 남은 것이 있을까 하이에나처럼 기웃거리다가, 생각보다 시를 잘 쓰는 아이들이 보여 한번 해볼까, 마음먹고 공모전에 뛰어든 것도 있습니다.

제게 이 공모전을 알려주시고 마음 다해 지원해 주시며 제 든든한 마음의 토양이 되어주신 능인중학교 국어과 배성완 선생님, 박준선 선생님, 김한수 선생님, 김영주 선생님, 장영희 선생님과 정은아 선생님. 아이들의 빛남을 알아봐 주신 모든 선생님들은 물론 곁에서 응원해 주신 가족들과 학생들, 동료 선생님들께 깊은 감사를 표합니다.

갑작스럽게 쉬게 된 터라 노트북을 가지고 오지도, EVPN을 신청하지도 못한 저를 대신해 제가 작성한 신청서를 대신 접수해 주시고 순식간에 최종 결재까지 쥐어짜 주신 김영주 선생님과 한문과 정은아 선생님, 교감·교장 선생님이 아니셨다면 아마 이 책은 세상에 나올 수 없었을 것입니다. 이 자리를 빌어 다시금 감사하다 말씀을 드리고 싶습니다.

학생들이 직접 책을 내 보는 뜻깊은 기회를 가질 수 있도록 물심양면 노력해 주신 이주양 장학사님, 열과 성을 다해 꼼꼼하게 교정교열을 봐주신 원미옥 교장선생님, 학교 업무에 치여 처져 있던 저를 바짝 챙겨주신 김묘연 선생님 그리고 지각쟁이 책을 받아주신 바른북스 사장님과 담당자님께 진심으로 감사드립니다.

그리고 무엇보다 편집 기간 내내 방과 후 교실에 남아 같이 원고를 검토하고, 새벽까지 선생님에게 카**톡으로 쥐어짜이면서도 열정을 다해 시를 쓰고 끝까지 따라와 준 스물다섯의 자랑스러운 열네 살 시인들. 선생님도 어쩔 수 없는 경상도 사람이라 영 쑥스러워 말은 하지 못했다만 사랑한다! 짜식들아!

세상이 어찌 이리 험한지요. 매 해 한 번씩은 크고 작은 교권 침해에 시달리며 교직을 그만둬야 내가 살 수 있지 않을까, 하는 마음이 점점 커져만 가고 있었습니다. 그런 저를 다시금 단단하게 교직에 묶어버린 것이 바로 아이들입니다. 그런 아이들의 마음이 담긴 시입니다. 교열을 보느라 수십, 수백 번은 읽은 시들인데도 잠시 숨을 돌리고 뒤를 돌면 또다시 처음 시를 접했을 때의 전율이 일고 마는, 이다지도 진솔하고 아름다운 시가 다시금 교편을 쥐게 하고 맙니다.

그러니 저는 앞으로도 아이들과 시 쓰기 수업을 계속하겠지요. 아이들의 눈이 세상을 담고 빛나는 한, 저는 끊임없이 교단에서 웃고 울고 외칠 것입니다.

말이 길었습니다. 이 책을 읽어주신 모든 분들의 마음에 아이들의 마음이 가닿았기를, 그리하여 모두가 오롯이 시의 계절을 살아가는 시인으로 울고 웃으며 만나기를 바랍니다.

2025학년도 1월의 어느 새벽
교사, 배가은.

닫는 시

너희가 앓았던 모든 눈물은
방울져 흘러 시가 되었다

너희가 품었던 모든 마음은
당글게 모여 시가 되었다

너희가 웃었던 모든 웃음은
화드득 피어나 시가 되었다

너희가 가졌던 모든 사랑은
노래로 흐르고
편지로 새겨져
시가 되었다

그러니 너희는 모두
오롯이 시의 계절을 살아가는
열네 살, 시인이다

너희와 함께한 첫 겨울
지도교사 배가은

《열네 살, 시인》 - 두 번째 프로젝트
2024학년도 능인중학교 1학년 자유학기 주제 선택 국어 수업
〈문학 안의 우리, 우리 안의 문학〉

《열네 살, 시인》 프로젝트 - Since 2023
https://sites.google.com/gyeongsin.ms.kr/littlepoets

프로젝트에 영감을 주신 합덕중학교 고범수 선생님께
감사의 말을 드립니다.

열네 살, 시인

초판 1쇄 발행   2025. 2. 21.

지은이   배가은, 박재범, 권숙운, 김민건, 김 결, 김민준, 박태민, 이윤재, 이호범, 허주원, 서용진, 윤성민, 김강민, 김민준, 이승유, 강찬혁, 김주원, 김준우, 문현준, 송연호, 신우주, 이채민, 제병찬, 한리준, 김주형, 최현서
엮은이   배가은
펴낸이   김병호
펴낸곳   주식회사 바른북스

편집진행   박하연
디자인   이강선
표지 디자인   배가은, 배소율

등록   2019년 4월 3일 제2019-000040호
주소   서울시 성동구 연무장5길 9-16, 301호 (성수동2가, 블루스톤타워)
대표전화   070-7857-9719   **경영지원**   02-3409-9719   **팩스**   070-7610-9820

•바른북스는 여러분의 다양한 아이디어와 원고 투고를 설레는 마음으로 기다리고 있습니다.

이메일   barunbooks21@naver.com | **원고투고**   barunbooks21@naver.com
홈페이지   www.barunbooks.com | **공식 블로그**   blog.naver.com/barunbooks7
공식 포스트   post.naver.com/barunbooks7 | **페이스북**   facebook.com/barunbooks7

ⓒ 배가은, 박재범, 권숙운, 김민건, 김 결, 김민준, 박태민, 이윤재, 이호범, 허주원, 서용진, 윤성민, 김강민, 김민준, 이승유, 강찬혁, 김주원, 김준우, 문현준, 송연호, 신우주, 이채민, 제병찬, 한리준, 김주형, 최현서, 2025
ISBN 979-11-7263-970-9 03810

•파본이나 잘못된 책은 구입하신 곳에서 교환해드립니다.
•이 책은 저작권법에 따라 보호를 받는 저작물이므로 무단전재 및 복제를 금지하며, 이 책 내용의 전부 및 일부를 이용하려면 반드시 저작권자와 도서출판 바른북스의 서면동의를 받아야 합니다.